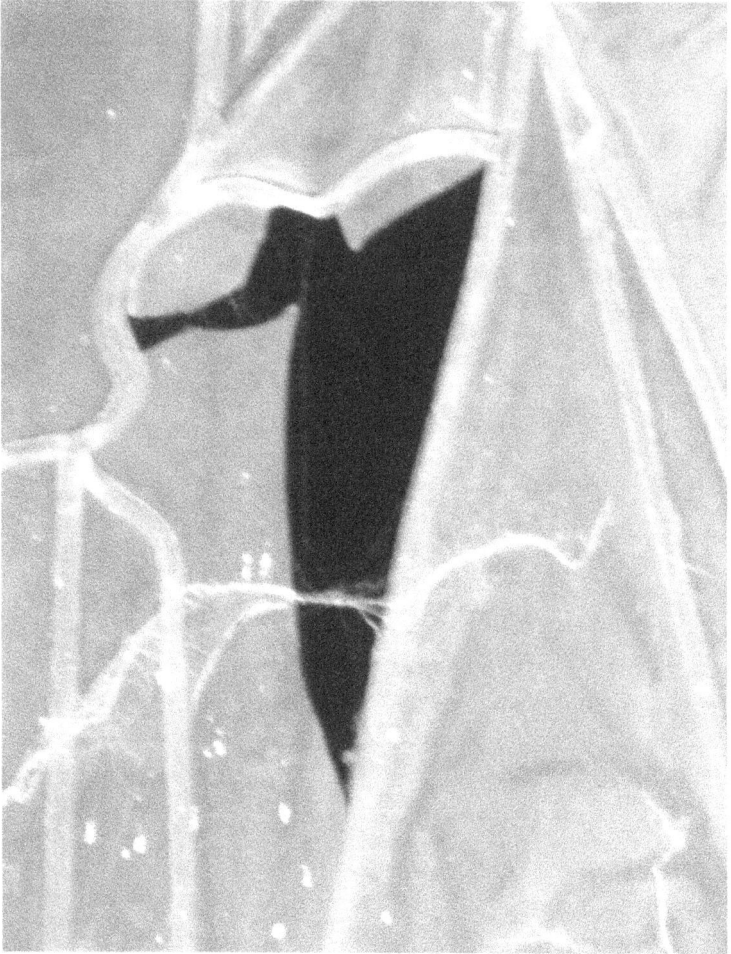

Histoire d'une censure médiatique aux élections présidentielles 2007 : le CD Sarkozy

6 décembre 2006, 6 décembre 2011,
5 ans après le CD,
l'ebook de la Saint Nicolas

Du même auteur*

Certaines œuvres sont connues sous différents titres.

Romans

Le Roman de la révolution numérique
Ils ne sont pas intervenus (Peut-être un roman autobiographique)
La Faute à Souchon
Quand les familles sans toit sont entrées dans les maisons fermées
Liberté j'ignorais tant de Toi
Viré, viré, viré, même viré du Rmi !

Théâtre

Neuf femmes et la star
Les secrets de maître Pierre, notaire de campagne
Ça magouille aux assurances
Chanteur, écrivain : même cirque
Deux sœurs et un contrôle fiscal
Amour, sud et chansons
Pourquoi est-il venu :
Aventures d'écrivains régionaux
Avant les élections présidentielles
Scènes de campagne, scènes du Quercy
Blaise Pascal serait webmaster
Trois femmes et un Amour
J'avais 25 ans
« Révélations » sur « les apparitions d'Astaffort » Brel Cabrel

Théâtre pour troupes d'enfants

La fille aux 200 doudous
Les filles en profitent
Révélations sur la disparition du père Noël
Le lion l'autruche et le renard,
Mertilou prépare l'été

* extrait du catalogue, voir page 82

Stéphane Ternoise

Histoire d'une censure médiatique aux élections présidentielles 2007 : le CD Sarkozy

6 décembre 2006, 6 décembre 2011,
5 ans après le CD,
l'ebook de la Saint Nicolas

Sortie numérique : 6 décembre 2011

Jean-Luc Petit Editeur - Collection Essais

Stéphane Ternoise
versant
CD Sarkozy:

http://www.**cdsarkozy**.com

Tout simplement et logiquement !

Site officiel : http://www.ecrivain.pro

Raisons de cet ebook... devenu livre papier en 2014

Le 6 décembre 2006, à l'occasion de la Saint Nicolas, j'avais présenté aux citoyennes et citoyens d'en France, et naturellement aux candidats à l'Elysée, un album de réflexions politiques en musique, principalement sous la forme de la parodie de chansons, *le CD SARKOZY Selon Ternoise (citoyen indépendant, plutôt centre gauche philosophique)*. Cet album 14 titres est devenu collector : nos vaillants médias si prompts à dénoncer la censure en Chine n'ont pas jugé nécessaire d'accorder la moindre attention à ces chansonnettes, peut-être par souci de ne pas les retrouver dans la bouche des électrices et électeurs. Je n'ai pas encore noté le terme censure !

J'ai même hésité au sujet du titre... Facile de crier à la censure ! Je précise rester persuadé qu'aucun décret secret ne fut pris pour interdire aux journalistes d'honorer leur métier au sujet de cette production indépendante et lotoise.

Puis j'ai relu l'article *les médias et la censure* du 22 juin 2005, de l'*Observatoire français des médias* (simple coïncidence peut-être mais le 2 juin 2005, Nicolas Sarkozy revenait place Beauvau avec le titre de ministre d'État, ministre de l'Intérieur et de l'Aménagement du territoire du gouvernement de Villepin) :

« *la forme la plus courante de censure est l'autocensure par laquelle les journalistes décident eux-mêmes de ne pas couvrir certains sujets qui seront vus d'un mauvais œil par des supérieurs...* »

Je me souviens aussi de Daniel Carton dans « *bien entendu... c'est off* » : "*la presse est aujourd'hui en France moralement sinistrée, mais comme ils me disent tous « il faut bien bouffer »*".

Pourtant, peut-être, qu'en 2012, quelque chose a changé : Internet est vraiment devenu un média...

Le CD étant toujours en vente libre (nous sommes un pays démocratique très attaché à la liberté d'opinion !...), j'ai décidé de raconter... Attention... et c'est justement le plus intéressant : le *CD SARKOZY* ne constituait pas une charge outrancière contre Nicolas Sarkozy, il contenait même la chanson *Ségolène*, parodie de *Bécassine* de notre Chantal Goya nationale, un texte écrit en juin 2006, enregistrée par Frédérique Zoltane, dans l'album largement diffusé aux médias...

Pourtant Dominique Dhombres continue à être considéré, avec sa chronique dans *Le Monde* du 19 janvier 2007, où il affublait la candidate socialiste du surnom de la servante bretonne de Madame de Grandair, comme le créateur de ce précieux rapprochement !... Au-delà de mes sites Internet, le quotidien *Metro* l'avait pourtant signalé en octobre 2006...

Dès juin 2006, je voyais en François Bayrou le seul candidat capable de battre Nicolas Sarkozy. Tandis que la voix officielle du *Monde*, Jean-Marie Colombani, tenta, jusqu'à la veille du premier tour, de réduire le débat à un duel Nicolas Sarkozy, Ségolène Royal. Quant au Nouvel Observateur, il virait carrément au *Nouvel Obségolateur*. Traumatisés par leur rôle dans le 21 avril 2002, (comme le "*Ni Chirac ni Jospin*" proposé à son lectorat par Jean-François Kahn) les médias ont occulté la possibilité centriste. En 2002, nos vaillants médias de gauche ont assuré la victoire de Jacques Chirac, cinq ans plus tard celle de Nicolas Sarkozy.

Même dans le domaine culturel, quand on touche à la politique, mieux vaut ne pas avoir raison avant les autres ! Ils ne vous le pardonnent pas... Mais l'Histoire... Le CD Sarkozy fut une victime collatérale... Une censure banale... Jugée nécessaire... explications...
À l'aube d'une nouvelle présidentielle, il semble indispensable d'essayer d'éviter un remake...

Edition revue en juin 2014... et ainsi disponible en papier en plus du numérique.
Stéphane Ternoise

6 décembre 2006 : Un CD 14 titres

CD SARKOZY Selon Ternoise
(citoyen indépendant, plutôt centre gauche
philosophique)

1) *Cette année-là présidentielle* 3.18 (*Cette année-là*, Claude François) par Paul Glaeser.
2) *Fusion Pierre Perret Sarkozy* 3.38 (*Le zizi*, Pierre Perret) par Stéphane David.
3) *Doc le Sarko* 3.45 (*Joe le taxi*, Vanessa Paradis) par Frédérique Zoltane.
4) *Les Sarkonneries* 3.10 par Doc-Vazzo.
5) *Putain d'élections* 2007 4.01 (*Putain de camion*, Renaud) Christophe O'Neil.
6) *Le Sarko du métèque* 2.33 (*Le métèque*, Georges Moustaki)
7) *C'est un fameux Sarko* 2.26 (*Santiano*, Hugues Aufray) renaudisé par Stéphane David.
8) *Si Sony censure sa star* 2.05 par Doc-Vazzo.
9) *Si Sarko si* 2.59 (*Si maman si*, France Gall) Frédérique Zoltane.
10) *La danse du caviar* 2.34 (*La danse des canards*, J.J. Lionel) par Stéphane David.
11) *Il court le Sarko* 1.25 par Doc-Vazzo.
12) *Gagner l'Elysée* 2.39 (*Les Champs-Elysées*, Joe Dassin)
13) *Une Voynet verte* 1.37 (*Une souris verte*) par Stéphane David.

14) *Ségolène* 2.35 (*Bécassine*, Chantal Goya)
Frédérique Zoltane.

Onze parodies de chansons déclarées à la sacem conformément à la législation en vigueur.
Les titres 4, 8 et 11 sont des créations, avec des musiques de l'interprète.

La pochette

Un graphisme raté ? Je tenais à ce champ de blé ! Je tenais au bleu blanc rouge du titre. Et je manquais cruellement de logiciels pour la retouche des images.
Mais ce classicisme me convenait. Je pensais naïvement que de toute manière les titres se suffisaient amplement...

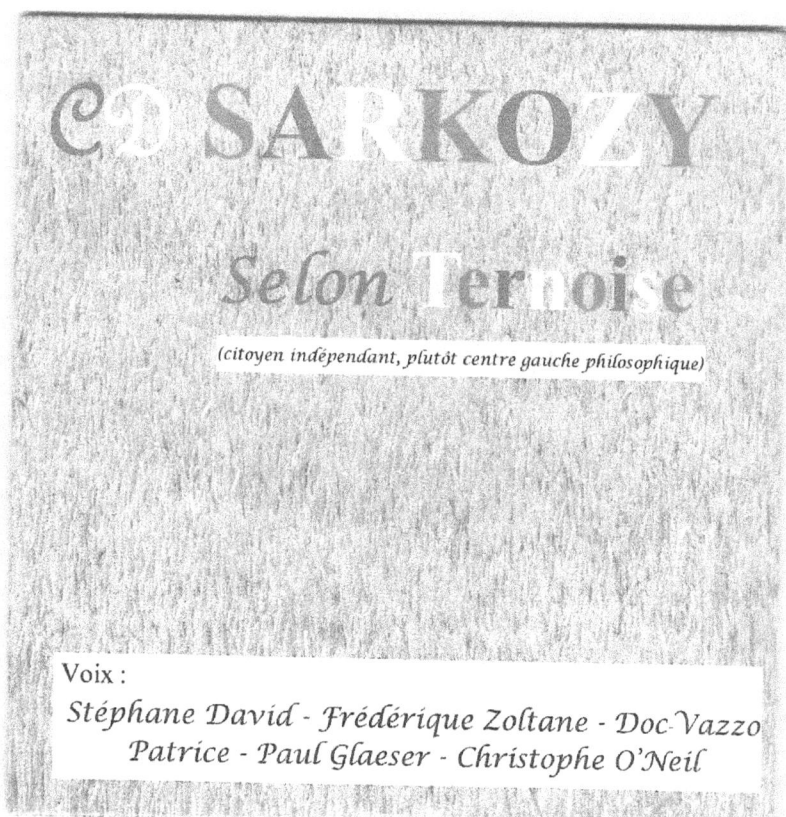

CD SARKOZY

Selon Ternoise

(citoyen indépendant, plutôt centre gauche philosophique)

Voix :
Stéphane David - Frédérique Zoltane - Doc Vazzo
Patrice - Paul Glaeser - Christophe O'Neil

Notations alors jugées utiles :

Production indépendante. Aucune trace de subvention (sacem, FCM, DRAC, Adami, région, département, partis politiques...)

Merci à la France dont la démocratie permet cet album improbable (limite quand même, à une époque où Sony censure sa star pour une phrase anodine sur Sarkozy ; mais contrairement à ce Joey Starr, Stéphane Ternoise vit dans le Quercy – vous pouvez modifier les quatre derniers termes)

Enregistrements : 1, 3, 5, 9, 14 Studio Titrea 67880 Krautergersheim
2, 7, 10, 13 Studio Music-Bdfl 13770 Venelles
- autres : Home studio des interprètes

Les interprètes (est, sud-est, sud-ouest) ont participé à un projet artistique inédit, ils sont naturellement libres de ne pas partager les opinions de l'auteur producteur, seul responsable des éventuelles erreurs historiques, d'analyses ou autres.

Mention spéciale à Paul Glaeser dont l'apport dépasse largement l'interprétation (studio, musiques, échanges...)
Pensée aux imitateurs intéressés par l'éventuelle médiatisation du projet mais finalement apeurés par le sujet, leurs réactions m'ont inspiré une pièce de théâtre.

D'après une idée du 19 juillet 2006.

Enregistrements du 17 septembre au 7 novembre.

6 décembre 2006, la Saint Nicolas, certes...

Le 6 décembre 2006, le jour de la Saint Nicolas, soit cinq mois avant le 6 mai 2007, le dimanche du second tour des élections présidentielles.

Naturellement, un rapprochement entre le 6 décembre 2006 et le vendredi 6 décembre 1986 est possible.
20 ans après la "crise cardiaque" de Malik Oussekine : le cd Sarkozy.
En 1986, Nicolas Sarkozy naviguait encore en simple matelot protégé du ministre de l'intérieur, Charles Pasqua.
La date de la sortie du CD fut choisie en référence à la Saint Nicolas... mais l'histoire permet parfois de surprenants rapprochements.

20 ans plus tard, une plaque à la mémoire de Malik Oussekine est dévoilé à Paris par Bertrand Delanoë, 20 rue Monsieur le Prince.
Le jeune étudiant s'y était réfugié, dans la nuit du 5 au 6 décembre 1986, pour tenter d'échapper aux policiers qui le poursuivaient.
Rattrapé dans la cour de l'immeuble, il est mort à cause d'une insuffisance rénale... surnommée matraque.

Quelques jours plus tard, Jacques Chirac, alors Premier ministre, annonçait le retrait du projet Devaquet, du nom du ministre délégué à l'Enseignement supérieur, qui présenta sa démission dès le décès de l'étudiant, quittant le gouvernement et finalement la vie politique visible sur cet échec, même s'il resta maire du 11e arrondissement de Paris jusqu'en 1995 et chargé de mission auprès du Président de la République Jacques Chirac, ainsi que son conseiller scientifique, de 1997 à 2002.

2006...
Réussir à réaliser un album politique...

J'ai espéré réussir « l'événement musical des élections présidentielles. » Avoir mené ce projet en quelques mois me semblait tellement énorme... que le reste devait suivre !

Dans "Global 2006", publié fin 2006, je notais néanmoins :
« Des difficultés peuvent encore survenir. L'autocensure de certains médias réduira sûrement l'audience qu'un tel projet peut espérer. Néanmoins les textes circulent. Et les réactions permettent, peut-être, de mieux comprendre la France. La liberté d'initiative y est parfois freinée par des vents mauvais... »

2006... Ségolène Royal... À force de l'écouter sur *France-Inter*, le rapprochement avec *Bécassine*, de Chantal Goya, s'imposa. Internet me fournissant le texte originel, quelques semaines plus tard la parodie est déposée à la sacem, présentée sur desirdelysee.org, pendant ternoisien du ségolénien desirdavenir.org.

En juillet, Nicolas Sarkozy revenait dans mes idées. Je croyais pourtant en avoir fait le tour ! Mais toujours grâce à *France-Inter* et *le chapeau de zozo* de Maurice Chevalier. Titre immédiat : *les nouveaux poteaux de Sarko*, référence à sa garde rapprochée, Gérard Longuet, Alain Carignon ou Christian Estrosi, lancé en politique par Jacques Médecin...

C'est un fameux Sarko... les premiers vers tournaient dans ma tête depuis des mois : l'écriture parodique me permettait de vaincre les difficultés.

Avec ma gueule de Sarko m'est venu durant cette monomanie. Comme d'autres débuts rapidement abandonnés.

Et finalement Georges Moustaki était terminé le 19 juillet, date de l'envoi à la sacem. Où figura *Si Sarko si*, écrit durant les dernières heures « sans préméditation » : rangeant des textes imprimés depuis des années, la sonorité du titre *si maman si* se transforme naturellement mais il me semble trop tard pour une parodie. L'actualité immédiate me rattrapait avec les vacances des enfants scolarisés en France, non expulsables durant l'année scolaire...

J'avais ainsi onze parodies sur Nicolas Sarkozy. L'idée d'un CD jaillit. Un peu tard ? Pourquoi pas ! Audace !

Le 22 juillet 2006, je commande, chez Lycos, cdsarkozy.com.

Pourquoi Lycos ? Tarif respectable... et surtout je n'y ai pas encore le moindre site (je préférais dissocier ce projet de mes autres sites… On ne sait jamais !... cdsarkozy.com devant devenir la vitrine du projet en quête d'imitateurs)

Mais le 26 juillet, toujours rien !
Mon identifiant permet une connexion :
La commande du 22 juillet est « EN COURS ».
Avec spécifié :
"Ce processus peut parfois prendre jusqu'à 48H. Une fois achevé, vous recevrez un mail de confirmation."
Je contacte le support. Et reçois rapidement :
« Merci d'avoir contacté le support Lycos Hébergement. Votre nom de domaine a besoin d'être validé manuellement. J'ai demandé au service technique de le faire au plus pressant. Je communiquerai avec vous dès que j'aurai leur réponse.
Cordialement,
A. N. (il ne doit plus travailler chez Lycos ! Alors comme je pense qu'il n'était pas le responsable de cette politique, je remplace ce nom par des initiales)
Lycos Service Clientèle »

Redoutant la réservation du domaine par « une tierce personne », je réserve le nom via un prestataire allemand.
Réservation immédiate, et le 27 une page d'accueil est visible !
Dans ma zone Lycos, le 3 août, toujours commande « EN COURS »… et aucune nouvelle d'A.N…

Naturellement, l'ensemble des sites ne sont pas « vérifiés manuellement » et je suppose qu'après HUIT jours la majorité des webmasters sont propriétaires de leur commande... Il existait donc sûrement un test chez Lycos : si le nom du domaine contient SARKOZY, interrompre la commande, transmettre au service technique. Si d'anciens salariés étaient interrogés... mais par qui ?

J'ai naturellement essayé de populariser cette "affaire".

Une seule véritable réponse :

> *Je rentre de vacances et je découvre votre message concernant ce disque sur Nicolas Sarkozy. Cette histoire semble être incroyable. Je suis le producteur de Panique au Mangin Palace sur France Inter, nous reprenons du service pour cette nouvelle saison. Est-ce que vous pourriez m'envoyer un exemplaire de cet album, je suis certain que nous pourrions en diffuser plusieurs éléments dans l'année qui vient, histoire de vous filer un coup de main et d'enrichir l'émission....*

Je vous laisse notre adresse postale: Philippe Collin - Emission Panique au Mangin Palace - France INTER

Mᴇʀcʀᴇᴅɪ 16 août 2006 08:04, enfin un message de Lycos :

Vous avez passé une commande pour .
Nous sommes désolés mais nous ne pouvons maintenir votre commande soit:
- parce que ce domaine a déjà été revervé par
   une autre personne. Ceci est très rare, mais quelqu'un à
   commencé sa réservation avant la votre.
- parce que vous n'avez pas terminé votre commande en
   envoyant le fax nécessaire à l'achat du domaine en.fr
   pour un particulier.

Pour terminer, votre commande vous devez maintenant
   choisir un autre nom de domaine (ou votre domaine
   si il est encore disponible).

Sûrement un message automatique après réintégration de la procédure classique. Ouf !, se sont-ils sûrement exclamés, le site est réservé ailleurs, nous voilà débarrassés d'un souci.

C'est un copier coller, le terme « revervé » étant sûrement à lire réservé (logique, comme ce « une commande pour.»)

J'achète alors un autre site et en 24 heures la

procédure est achevée... sans passage par la validation manuelle du service technique... comme quoi il est raisonnable d'envisager le contrôle « si nom de domaine contient SARKOZY, stopper la procédure automatique, informer le service censure »... Quels autres termes ?

Mais je n'en avais pas terminé avec les soucis. Pour 6.49 euros par an, j'ai droit à 25 MO... (méga octets) ce qui est nettement suffisant... mais aucun moyen d'accéder à cet espace disque... je découvre après bien des recherches qu'ils sont uniquement utilisables pour le courriel ! Hébergement est ainsi à lire «hébergement de mails » !

Naturellement j'écris :

> Bonjour,
> Votre HEBERGEMENT serait-il une arnaque ?
> Espace disque 25 Mo...
> Mais aucun accès FTP ni WEB FTP
> *« Désolé, cette option n'est pas disponible sur votre configuration actuelle »*
>
> Amitiés...

Réponse sous 24 heures :

Bonjour,

Merci d'avoir contacté le support Lycos Hébergement.

Afin d'avoir accès à cette option, nous vous conseillons de "passer à l'offre supérieure" en sélectionnant l'un de nos autres packs d'hébergement.

Pour ce faire, connectez-vous à votre compte, cliquez sur "Mon compte" puis "Passer à l'offre supérieure" ou cliquez sur le lien ci-dessous:

http://hebergement.lycos.fr/order/upgrad e/options/?begin

Cordialement,

S. T. (initiales pour la même raison...)
Lycos Service Clientèle

Ayant la possibilité de modifier « les DNS » (noté pour utilisateurs avertis), j'héberge finalement gratuitement ailleurs le site... Pour un hébergement professionnel, il m'est conseillé l'offre à 9,90 euros par mois !

Lycos apparaissait dans les classements des meilleurs tarifs pour la réservation de noms de domaines... classements bruts, sans commentaires... Combien de journalistes attitrés à « la toile » avaient une véritable connaissance de son fonctionnement ? Chez Ovh ou 1and1, l'hébergement permettait déjà un véritable hébergement du site. Mais bref, *lycos* a eu le sort qu'il méritait !

Recherche d'imitateurs...

J'informe des imitateurs, connus grâce à http://www.parodiesdechansons.com. Quelques réponses vagues. Sur la pochette du CD figure : « *Pensée aux imitateurs intéressés par l'éventuelle médiatisation du projet mais finalement apeurés par le sujet, leurs réactions m'ont inspiré une pièce de théâtre.* » Et enfin, Stéphane David, professionnel marseillais, partant pour l'aventure... mais préférant ne pas devoir porter seul l'album... La recherche continue...

Un numéro spécial du mensuel (quand le temps le permet) http://www.lewebzinegratuit.com Paul Glaeser est le premier à me répondre. Nous sommes en contact depuis quelques années, un respect « entre gens qui font » s'est instauré... Je connaissais naturellement son passé d'imitateur sur *France-Inter*, chez Ruquier mais savais son présent très occupé par son label titreA. Il enregistre *Cette année-*

là. Première chanson enregistrée... Et son épouse, Frédérique Zoltane, s'approprie *Si Maman si* et *Ségolène*... Ma plus grande émotion d'écoute de cet album, le *Si Maman si* de Frédérique. Et depuis, parenthèse (je peux me le permettre, il n'y a pas de vrai suspens, l'album se réalisera), il s'agit du titre le plus apprécié. Comment un tel travail n'a pas été diffusé à sa juste valeur ? Nous le verrons dans un instant !...
Bref, la voix préférée de Frédérique Zoltane : Vanessa Paradis. Oui, je lui demande. Quand on a cette chance de pouvoir compter sur une telle capacité d'émouvoir... Vanessa Paradis, je l'ai rarement écoutée, vue une fois sur scène, en 1993... justement, une chanson de 1990 se transforme... *Tandem*... J'ai essayé *Joe le taxi*, sans trouver la bonne accroche. Mais TitreA ne possède pas la musique de ce titre...
Un certain Patrice m'avait envoyé un CD de reprises. Renaud, Dassin, Brel, Lama, Chelon, Reggiani... Nous sommes presque voisins. Je lui proposais de participer à ce projet. Mais non, il ne sera pas le premier interprète du Lot à m'enregistrer. Il vit en Tarn-et-Garonne.

Stéphane David me notait ses voix préférées. Elément majeur d'inspiration. Le nombre de textes disponibles passait ainsi de 12 à 16...

Doc Vazzo, alias Stéphane Vazzoler, n'est pas

imitateur... il avait commencé à s'intéresser aux *Sarkonneries* à l'époque de la chanson *les déboires Leclerc* diffusée sur France-Culture... J'ai apporté quelques modifications au texte... il est d'accord pour le projet... et il se l'est totalement approprié... J'ai insisté pour « une chanson traditionnelle »... *Il court, il court le Sarko*... Comme je suis pénible, je ne me suis pas contenté de sa première version ! Heureusement ! Ainsi figure dans cet album une Sarkonneridéjantée !

Mercredi 11 octobre, ma voiture est au garage de Montcuq, je patiente sur un banc de « la promenade. » Devant les yeux : Vanessa. Enfin, le texte « *Joe le taxi.* » Et les mots viennent... Frédérique ?...
Durant les échanges avec Paul, Renaud s'est faufilé dans nos mails. J'avais bien un début sur *Manu*. Mais bloqué. Un soir, ressortant mes vieux 33 tours... soirée Renaud ! Avec des notes en pagaille. Et finalement *Putain de camion* donnera *Putain d'élections*...
Paul envisagea cette imitation, avant de la laisser à l'un de ses amis, Christophe O'Neil. L'Alsace, seule région « à droite », atteignait ainsi la moitié des voix...
Et naturellement j'envoyais le petit commentaire né des déboires de Joey Starr à Doc Vazzo. En ajoutant la pression d'une date limite... nous approchions fin octobre !
9 ou 10 titre... Il ne restait plus qu'à Stéphane

David à enregistrer. Une journée en studio. Le 7 novembre.

Car pour être prêt le 7 décembre (la date s'est rapidement imposée), il était impératif d'envoyer l'ensemble des éléments au pressage début novembre... Paul Glaeser avait de nouveau un rôle essentiel : il nettoyait les pistes parasitée par des bruits externes (l'enregistrement à la maison est rarement nickel) et plaçait les voix à niveau.

Les 14 textes

Cette année-là présidentielle

Cette année-là
Sarko président jubilera
Ou l'opposant vociférera
Quelle année cette année-là

Cette année-là
Ségolène se lais'ra pousser des ailes
Même Fabius fredonnera belle, belle, belle
Et les médias aim'ront ça

Déjà, le P.S. croit revivre l'épopée Mitterrand
Et l'UMP sait qu'un général marche droit

Cette année-là
Tous jureront comprendre les jeunes
Et les vieux trop souvent seuls
Tout l'monde dit je t'ai compris

Des promesses sûr qu'il va en pleuvoir chaque
jour
Chaque voix sera unique ils aiment ils aiment
le public

Cette année-là
Forcément on en connaît la musique
Ségo – Sarko s'ront magiques
Quelle année cette année-là

Avant le premier tour certains prétendent
rêver encore

Revendront leur soutien même pas à prix d'or
Cette année-là
Pas d'mondial à la télévision
En boucle pass'ront leurs déclarations
Du blabla cette année-là

C'est demain, mais pour moi ça n'va rien
changer
Un quinquennat plus tard ce CD je le ressors

Ce s'ra l'année deux mille sept
Ce s'ra l'année deux mille sept
Ce s'ra l'année deux mille douze
Ce s'ra l'année deux mille dix-sept

Œuvre originale : Cette année-là
Interprète originel : Claude François

Fusion Pierre Perret Sarkozy

Afin de respecter nos grands textes
On maquille c'qu'on appelle contexte
On nous assomme de bluettes
De tambours et de trompettes
On nous sert de la nostalgie
On rit de qui réfléchit
Un présentateur très sympathique
N'a même pas besoin d'baguettes magiques
En trois mots il nous plante le décor
Ô gué, ô gué
Pas d'idées mais les gens sont d'accord

Ô gué, ô gué
Des sondages servent de savoir
Les aveux doivent émouvoir
L'audimat décrétera de qui aura le pouvoir
Un portrait robot nous le dessine
Le favori tous ils le câlinent

Tout tout tout
Vous saurez tout sur Sarkozy
C'est c'qu'on nous dit
Chez ses amis
Patrons de presse
Qui le caressent
Le poids des mots
Troc des photos
Des journalistes
Simples copistes
Tout tout tout tout
Ils nous disent tout sur Sarkozy

Sarkozy en homme dur au labeur
Ô gué, ô gué
Humaniste avec certaines valeurs
Ô gué, ô gué
En vélo c'est un sportif
Un vrai de vrai impulsif
Economiste perspicace
En tout il a la classe
Avec Cécilia photos tendresse
Une interview sans tabou ni bassesse
Sarkozy aussi a connu l'malheur
Ô gué, ô gué

Il comprend les chômeurs, les travailleurs
Ô gué, ô gué
La calomnie l'a blessé
Il laisse la justice censurer
Rien n'ébranle son ambition
Il a d'vraies convictions
Ce qui l'horripile c'est les p'tites crapules
Les chewing-gums et les enveloppes à bulles

Tout tout tout
Vous saurez tout sur Sarkozy
C'est c'qu'on nous dit
Chez ses amis
Patrons de presse
Qui le caressent
Le poids des mots
Troc des photos
Des journalistes
Simples copistes
Tout tout tout tout
Ils nous disent tout sur Sarkozy

Sarkozy monsieur sécurité
Ô gué, ô gué
Se porte garant de nos libertés
Ô gué, ô gué
Avec Sarko c'est le truand
Qui rentre chez lui en tremblant
La grand-mère peut promener tranquille ses
petits-enfants
Pasqua lui a appris à faire face
Balladur à toujours être efficace

Surtout ne croyez jamais les ragots
Ô gué, ô gué
Caricatures Chirac couteau dans l'dos
Ô gué, ô gué
Chirac c'est comme son tonton
Bernadette lui donne des bonbons
Même De Villepin est venu
On peut dire l'a soutenu
Au grand meeting de Loison sous Lens
Et Raffarin mettait de l'ambiance

Tout tout tout
Vous saurez tout sur Sarkozy
C'est c'qu'on nous dit
Chez ses amis
Patrons de presse
Qui le caressent
Le poids des mots
Troc des photos
Des journalistes
Simples copistes
Tout tout tout tout
Ils nous disent tout sur Sarkozy

Candidat des prolos des aristos
Ô gué, ô gué
Jeune expérimenté aime son boulot
Ô gué, ô gué
Garant de la démocratie
Et en plus merveilleux mari
Ami avec les chinois
Georges Bush il le tutoie

Sociale démocratie européenne
Et la liberté américaine

Tout tout tout
Vous saurez tout sur Sarkozy
C'est c'qu'on nous dit
Chez ses amis
Patrons de presse
Qui le caressent
Le poids des mots
Troc des photos
Des journalistes
Simples copistes
Tout tout tout tout
Ils nous disent tout sur Sarkozy

Œuvre originale : Le zizi (Pierre Perret)

Doc le Sarko

Doc le Sarko
Y plaît pas partout
Son programme de soldat
Son bagout gris
Donne parfois des insomnies
Des cauchemars
Pas qu'aux loubards
Quand il lance
« *J'vais soigner la France* »
Faut qu'elle choque
La musique du doc
Plaise aux médias
Du rock bobos prolos

Doc le Sarko
Ses réseaux
Télés ou radios
Radieux s'il parle
Il est ainsi
Doc - Doc - Doc
Faut qu'elle choque
La musique du doc de l'Est
Plaise aux médias
Du rock bobos prolos rappeurs
Go Sarko
Go Sarko
Go fonceur
D'la Hongrie vers son Everest
Doc le Sarko
Au repos parfois
Doc le Sarko
Ses migraines font loi
Doc - Doc – Doc
Doc le Sarko
Ses réseaux
Télés ou radios
Radieux s'il parle
Les paquets cadeaux
Doc le sarko
Et le bla-bla-bli
Doc le sarko
Et le bla-bla-bli
Go Sarko
Go fonceur, vers son Everest

Œuvre originale : Joe Le Taxi
Auteur : ETIENNE RODA GIL
Compositeur LANGOLFF HENRI
Interprète originelle : Vanessa Paradis

Les Sarkonneries

J'en dis si souvent des sarkonneries
Soyez pas surpris que j'en fasse aussi
Mais souvenez-vous de Jacques Chirac
On l'surnommait tête à claques
Ça l'a pas empêché
De triompher

Les sarkonneries
Pour être à la une
Du Figaro à Charlie Hebdo
D'internet aux guignols de l'info
Les sarkonneries
Etre à la une
Sans dépenser une thune
Les sarkonneries
Convertissent le pays

J'en dis si souvent des sarkonneries
Qu'Cécilia en a six cents copies
Après mes décennies au pouvoir
Elle écrira nos mémoires
Qui pourrait m'empêcher
De triompher ?

Les sarkonneries

35

Pour être à la une
Du Figaro à Charlie Hebdo
D'internet aux guignols de l'info
Les sarkonneries
Etre à la une
Sans dépenser une thune
Les sarkonneries
Convertissent le pays

Les chansonniers sont ma consécration
Un peu la rançon de ma position
Y'a pas d'album sur Séguin Juppé
Ils valent pas plus d'un couplet
Dire qu'ils croient m'empêcher
De triompher

Les sarkonneries
Pour être à la une
Du Figaro à Charlie Hebdo
D'internet aux guignols de l'info
Les sarkonneries
Etre à la une
Sans dépenser une thune
Les sarkonneries
Convertissent le pays

Putain d'élections 2007

Putain c'est trop con
Putain d'élections
Est-ce qu'on mérite ça
Après deux Chirac
Sarko qui débarque

En face, ils laissent faire ça
J'espère au moins qu'Sarko
Foutra Chirac au chaud

Delors manqua son destin
Jospin s'est fait Balladurien
Et la guerre des clans nous condamne aux
clampins
Doit bien y'avoir quelqu'un d'bien
Pour sauver la gauche du déclin
Décontaminer nos ruisseaux nos chemins

Putain j'ai la rage
Contre ce naufrage
Et contre ce jour-là
Ou faudra voter
Désillusionnés
En pensant à François

J'espère au moins qu'Sarko
Laiss'ra l'autre à Bordeaux

La France regarde ses pantins
Qui f'raient tout même pour un strapontin
Un peu partout y'a pourtant du bon grain
Sans écurie bin t'es rien
Les promesses restent sans lendemain
Putain d'clampins, putain d'coquins,
d'comédiens

Voter on aimerait bien
S'comporter comme de vrais citoyens
Putain d'clampins, putain d'coquins,
d'comédiens

Œuvre originale : PUTAIN DE CAMION
Auteurs : Renaud Séchan
Compositeur : Franck Langolff
Interprète originel : Renaud Séchan

Le Sarko du métèque

Avec ma gueule de Sarko
De conquérant de démago
Et mon besoin de boniments
Avec mon passé chiraquien
Pasqua était un bon copain
Inutile de mettre des gants

Avec mes dents d'entrepreneur
De Rockefeller de rockweller
Qui ont brisé bien des pantins
Avec mon regard qui a vu
Tant et tant de déconvenues
Sans jamais douter du destin

Avec ma gueule de Sarko
De conquérant de démago
De menteur et d'amnésique
Avec ma femme qui peut quitter
Le navire quand revient l'été
Elle m'a appris la musique

Avec des parents aristos
Qui sont partis comme des prolos
Mais sans perdre le goût du pouvoir
Avec mon frère qui a dû
S'effacer devant une parvenue

On me prédit un tel cauchemar

Avec ma gueule de Sarko
De conquérant de démago
Et mon besoin de boniments
Je dirai qui m'aime me suive
Sauvons la France de la dérive
Enfermons l'chanteur énervant

Et je serai el président
Nico Sarko est enfin grand
Le petit aura su grandir
Et je l'aurai le vrai pouvoir
Je serai beau dans mon miroir
J'arrêterai même de courir

Et je l'aurai le vrai pouvoir
Je serai beau dans mon miroir
J'arrêterai même de courir

Œuvre originale : *Le métèque* (Georges Moustaki)

C'est un fameux Sarko

C'est un fameux Sarko fin comme un poireau
Un peu trop ! Démago
UMP, un sacré radeau
Il est fier d'y être tout en haut
Tiens bon l'karcher et tiens bon « du vent »
Un peu trop ! Démago
Si France veut, il s'ra président
Amplifiera le sacré fiasco

Il part pour de longs mois en laissant Beauvau
Un peu trop ! Démago
Serrer la main même des poivrots
Leur promettre à tous un beau vélo
Tiens bon l'karcher et tiens bon « du vent »
Un peu trop ! Démago
Si France veut, il s'ra président
Amplifiera le sacré fiasco

On prétend que partout on veut voir Sarko
Un peu trop ! Démago
Il séduit même le populo
Acclamé comme un nouveau Charlot
Tiens bon l'karcher et tiens bon « du vent »
Un peu trop ! Démago
Si France veut, il s'ra président
Amplifiera le sacré fiasco

Un soir à Ségolène sortira ses couteaux
Un peu trop ! Mafioso
Si tu r'fuses ses idéaux
Il t'offre le billet du cargo
Tiens bon la Tchatche et tiens bon le flow
Un peu trop ! Démago
Sarko ni pavot ni tête de veau *
Son quinquennat serait un fiasco

* référence au repas prétendu préféré de
Jacques Chirac : la tête de veau

Œuvre originale : Santiano (J. Plante / D.
Fisher)
Interprète originel : Hugues AUFRAY

Si Sony censure sa star

Si Sony censure sa star
C'est sûrement qu'Sarkozy
Leur fait peut aussi
Joey Starr éteint son pétard devant ce radar

Après tout ce n'est qu'une anecdote
Un peu celle du bâton et d'la carotte
Si t'as pas l'antidote, tu t'y piques si tu t'y
frottes
Tous les feux clignotent
Des militants rappliquent avec des menottes
Tous les feux clignotent
Les marmottes gagneront la cagnotte

Chacun vote avec sa jugeote
Comme aurait dit Aristote
Mais même les majors imaginent ce qu'il
mijote
Même les majors imaginent ce qu'il mijote

Si Sony censure sa star
C'est sûrement qu'Sarkozy
Leur fait peut aussi
Joey Starr éteint son pétard devant ce radar

Si Sony censure sa star
C'est sûrement qu'Sarkozy
Leur fait peut aussi
Joey Starr éteint son pétard devant ce radar

Si Sarko si

Tous mes amis sont ici
Mais je n'ai pas de papiers
Les vacances j'me cache dans Paris
Pour éviter d'être expulsé
Pour être là à la rentrée

Si, Sarko, si
Si, Sarko, si
Sarko, si tu voyais ma vie
Je cours je m'enfuis
Si, Sarko, si
Mais mon pays c'est ici
Et ma vie aussi

Dans mes cauchemars y'a des trains
Et je me jette par la fenêtre
Mes parents ont peur du lendemain
J'aurais peut-être pas dû naître
Aucun pays veut me reconnaître

Si, Sarko, si
Si, Sarko, si
Sarko, si tu voyais ma vie
Je cours je m'enfuis
Si, Sarko, si
Mais mon pays c'est ici
Et ma vie aussi

On m'dit que j'suis coupable, un fléau
Je suis pourtant qu'un enfant
Envie de jouer, de rire sous le préau

Sans avoir peur des agents
Sans trembler pour mes parents

Si, Sarko, si
Si, Sarko, si
Sarko, si tu voyais ma vie
Je cours je m'enfuis
Si, Sarko, si
Mais mon pays c'est ici
Et ma vie aussi

Œuvre originale : Si maman si (Michel Berger)
Interprète originel : France Gall

La danse du caviar

C'est la danse du caviar
Dans les allées du pouvoir
Tous veulent être sur la photo
Et crient SAR-KO
Comme Johnny qui fut loubard
Doc Gyneco sans pétard
Remuez comme des veaux
Criez SAR-KO
Pour claquer tous vos kopecks
Invitez des femmes des mecs
Payez-vous un chapiteau
Scandez SAR-KO
Il faut qu'on parle de vous
Montrez qu'vous êtes prêts à tout
Pour vot' champion vot' gourou
Prosternez-vous...

Voter, c'est la fête
Sur un rien ça s'joue
Faut qu'les girouettes
Perdent la tête
Ne voient que nous...

C'est la danse du caviar
Tout l'monde pourra en avoir
Même si vous n'avez pas d'pain
Mais votez bien
Ne soyez pas en retard
Car la danse du caviar
S'ra payée par vos impôts
SAR-KO, SAR-KO

Il vous suffit d'adhérer
Et vous serez invité
Nos buffets sont les plus beaux
Scandez SAR-KO
Ça y est vous avez compris
On s'dit en démocratie
Mais c'est l'jeu du démago
On crie SAR-KO

Voter, c'est la fête
Sur un rien ça s'joue
Faut qu'les girouettes
Perdent la tête
Ne voient que nous...

C'est la danse du caviar
Dans les allées du pouvoir
Tous veulent être sur la photo

Et crient SAR-KO
Pour claquer tous vos kopecks
Invitez des femmes des mecs
Payez-vous un chapiteau
Scandez SAR-KO
C'est la danse du caviar
On s'croirait chez Raymond Barre
Faut avoir du fric c'est tout
Bin oui, c'est tout
Et si on se moque de vous
Les chansonniers j'les emmène
Au sous-sol de la Sacem
Redressez-vous...

Voter, c'est la fête
Sur un rien ça s'joue
Faut qu'les girouettes
Perdent la tête
Ne voient que nous...

C'est la danse du caviar
Dans les allées du pouvoir
Tous veulent être sur la photo
Et crient SAR-KO
Comme Johnny qui fut loubard
Doc Gyneco sans pétard
Remuez comme des veaux
Criez SAR-KO

C'est la danse du caviar
Tout l'monde pourra en avoir
Même si vous n'avez pas d'pain
Mais votez bien

Ne soyez pas en retard
Car la danse du caviar
S'ra payée par vos impôts
SAR-KO, SAR-KO

Œuvre originale : *la danse des canards*
Auteurs : Tony Rendall - Guy de Paris - Joec
Compositeur : Werner Thomas
Interprète originel : J.J. Lionel

Il court, il court, le Sarko

Il court, il court le Sarko
Le Sarko d'la place Beauvau
Il court il court le Sarko
Le Sarko du Sarko show

Il est passé par Neuilly
Il est grand sur nos écrans

Il court, il court le Sarko
Le Sarko d'la place Beauvau
Il court il court le Sarko
Le Sarko du Sarko show

Adaptation d'une œuvre du domaine public :
Il court, il court le furet

Gagner l'Elysée

Pasqua avait presque vaincu quand surgit un
inconnu
La ville de Neuilly se donnait au jeune Sarkozy
Fallait quelqu'un qui dise « moi », ce s'ra donc
un avocat

On croyait qu'ça suffirait, c'n'était que l'entrée

Gagner l'Elysée, Gagner l'Elysée
Cécilia, s'ra ravie, Nicolas, sauve sa vie
Plus de complexe d'infériorité s'il gagne
l'Elysée

Il croit Chirac foutu mise tout sur Balladur qui
échoue
Quand on descend du mauvais train on
cherche ses copains
Z'ont essayé d'se recaser, ont fayoté,
agenouillés
On le croit coulé il sait vivre en apnée

Gagner l'Elysée, Gagner l'Elysée
Cécilia, s'ra ravie, Nicolas, sauve sa vie
Plus de complexe d'infériorité s'il gagne
l'Elysée

Chirac devenu le roi nu plutôt qu'boire la cigüe
Supporte son ennemi près de lui chaque
mercredi
Le ministre rue dans les cordes, on dit qu'ils
se mordent
Mais parfois même les vautours vous parlent
d'amour

Gagner l'Elysée, Gagner l'Elysée
Cécilia, s'ra ravie, Nicolas, sauve sa vie
Plus de complexe d'infériorité s'il gagne
l'Elysée

Œuvre originale : Les Champs-Elysées.
Interprète originel : Joe Dassin

Une Voynet verte

Une Voynet verte
Qui courrait dans l'herbe
On l'attrape par la mèche
On la montre à ces messieurs
Ces messieurs nous disent
Trempez-la dans l'eau
Trempez-la dans l'vin
Ça fera un socialo
Tout beau

On la nomme tête de liste
Elle ne fait qu'un tour de piste
On la met d'vant un micro
Elle dit sortez vos vélos

Une Voynet verte
Qui courrait dans l'herbe
On l'attrape par la mèche
On la montre à ces messieurs
Ces messieurs nous disent
Trempez-la dans l'eau
Trempez-la dans l'vin
Ça fera un socialo
Tout beau

Quand elle voit une marée noire
Elle sourit et elle repart
Quand on parle du nucléaire
Elle dit « pas bien » mais laisse faire

Une Voynet verte

Qui courrait dans l'herbe
On l'attrape par la mèche
On la montre à ces messieurs
Ces messieurs nous disent
Trempez-la dans l'eau
Trempez-la dans l'vin
Ça fera un socialo
Tout beau

On la nomme tête de liste
Elle ne fait qu'un tour de piste
On la met d'vant un micro
Elle dit sortez vos vélos

Adaptation d'une œuvre du domaine public :
Une souris verte

Ségolène

Tandis que son frère combattait des
écologistes
Elle empruntait la voie royale de l'Enarriviste
Conseillère dans une boîte à idées
mitterrandistes
La vraie vie selon les socialistes

Quand Bérégovoy ouvre le chapeau du
président
Il la catapulte ministre de l'environnement
Elle plaira à certains magazines tout
simplement
Et parfois ça devient suffisant
Mais pour Jospin elle restera
Loin derrière Aubry et Guigou

Préparant son come-back sans la redouter

Ségolène, c'est une aubaine
Ségolène, est magicienne
Quand les éléphants sont en guerre
La gazelle saute saute en l'air
On lui dit t'es une reine
Che Guevara des ménagères
Ségolène, c'est une aubaine
Ségolène, est magicienne
Saints sondages restez avec Nous
On sait qu'on ira jusqu'au bout
Ségolène, tu nous rends fous

Quand prudents les éléphants ignorent les
Régionales
Sur les terres de Raffarin déboule madame
Royal
La chute des chiraquiens en fit une femme
fatale
Quand nos voisins se donnent une chancelière
La France ne voit plus qu'une femme pour nous
éviter le Sarkozy
Depuis à tout ce qu'elle dit le pays dit oui

Ségolène, c'est une aubaine
Ségolène, est magicienne
Quand les éléphants sont en guerre
La gazelle saute saute en l'air
On lui dit t'es une reine
Che Guevara des ménagères
Ségolène, c'est une aubaine

Ségolène, est magicienne
Saints sondages restez avec Nous
On sait qu'on ira jusqu'au bout
Ségolène, tu nous rends fous

Œuvre originale : Bécassine, Chantal Goya.
Parole et musique : Jean-Jacques Debout.

D'autres textes étaient prêts...

J'ai espéré pouvoir inclure *Les nouveaux poteaux de Sarko,* texte parfois jugé trop engagé... en 2006 et 2007... Mais ce ne fut pas possible. Ça n'aurait rien changé à l'affaire...

Les nouveaux poteaux de Sarko

C'est un passé qu'on n'oublie pas
Copain cochon avec Pasqua
Le porte-valise de Chichi
On sait qu'il l'a trahi
Pour une aventure Balladur
Avec Léotard font le mur
Les amis de Neuilly
Croient en lui n'ont que lui
Mais tout ça voyez-vous
C'était qu'son enfance
Rien du tout... elle va voir la France !

Avez-vous vu les nouveaux poteaux de Sarko ?
C'est des poteaux, pas vraiment rigolos

51

Le Carignon, ne veut plus de la case prison
Gérard Longuet, tu sais fut innocenté
Patrick Devedjian, blanchi, par ses électeurs
Le motard Estrosi, Jacques Médecin fut son
parrain
À les voir en rang, tout Paris répétera bientôt
Avez-vous vu les poteaux de Sarko ?

Voir Borloo avec ces gens
À première vue ça surprend
C'est oublier que lui aussi
Fut avocat pardi
Qu'un avocat défend rarement la loi
La loi oh ! Oh ! La loi ah ! Ah !
Mais il veut faire gagner son client
On le paye pour ça
Son prix doit être Matignon
Alors Sarkozy
C'est devenu son meilleur ami

Avez-vous vu les nouveaux poteaux de
Sarko ?
C'est des poteaux, pas vraiment rigolos
Le Carignon, ne veut plus de la case prison
Gérard Longuet, tu sais fut innocenté
Patrick Devedjian, blanchi, par ses électeurs
Le motard Estrosi, Jacques Médecin fut son
parrain
À les voir en rang, tout Paris répétera bientôt
Avez-vous vu les poteaux de Sarko ?

Du Poitou on m'pose une question

Pourquoi donc tant d'admiration ?
Pourquoi des médias conquis
Par ce petit Sarkozy
Je vais vous expliquer le pourquoi
Les médias ont fait leur choix
Ils croient qu'c'est mieux pour leurs sous
Rien de plus, c'est fou !
C'est comme ils disent, le choix de la raison et
du cœur
Faire des affaires c'est tout leur bonheur

Œuvre originale : Le chapeau de Zozo
(René Sarvil / Charles Borel - Clerc)
Interprète originel : Maurice Chevalier

Sarkozy Aussi

C'est en sortant de la sacem
Que j'ai aperçu Sarkozy
Il descendait de sa B M
Tandis que j'fixais sa mairie
Je n'ai pas trouvé l'occasion
De lui chanter ma p'tite chanson

Il considère que l'ambition
Passe par certaines trahisons
Sarkozy aussi
Plus d'une fois on l'cru perdu
Mais à tout il survécut
Sarkozy aussi
Loin du pouvoir il s'ennuie
C'est le seul sens de sa vie
Sarkozy aussi

53

On dit qu'il s'est assagi
Lui croit qu'il se bonifie
Sarkozy aussi
Quand il surgit à la télé
Je farfouille mes poches en tremblant
Cherchant ma carte d'identité
Aujourd'hui vaut mieux être prudent
On peut se retrouver suspect
Rien que pour un petit couplet

Il voyage en notes de frais
Depuis qu'il s'est incrusté
Sarkozy aussi
Il sait que sur le terrain
Ça fait bien d'serrer des mains
Sarkozy aussi
Pour récolter des bulletins
Il lance des promesses aux chiens
Sarkozy aussi
J'crois qu'il nous prend pour des pions
Des justes bons aux élections
Sarkozy aussi

Me voyant il a tourné la tête
J'ai murmuré « quand tu voudras »
Il me crut porteur d'une requête
C'est pourquoi il accéléra
Il sait qu'les gars d'mon acabit
Ne votent pas spécialement pour lui

On le dit sans foi ni loi
Qu'il fut même l'ami d'Pasqua

Sarkozy aussi
Pour lui plaire faut obéir
Surtout jamais l'contredire
Sarkozy aussi
Il trouve toujours des artistes
Pour soutenir sa tête de liste
Sarkozy aussi
Il sait qu'pour séduire les gens
Il faut souvent faire semblant
Sarkozy aussi
Il a pour premier gourou
Celle qu'il prend sur ses genoux
Sarkozy aussi

Titre de l'œuvre originale : *Félicie aussi* de
Fernandel

Le Politicien : Nicolas Sarkozy

J'me présente je m'appelle Sarko
J'voudrais bien finir tout en haut
Etre élu
Je recrute chez les militants
Qui me croient l'plus intelligent
Prêt au combat
Comme vous l'savez j'y pense tout le temps

J'ai pas honte d'être le politicien
J'veux faire carrière et qu'en plus je sois craint
Je sois craint
J'veux inscrire mon nom dans ce pays
Une intégration réussie

Et faire jaser chez les Juppé de Bordeaux
l'ennui

Quand défilent dans les rues
Des banderoles pas sympas
Elle dit continue
Ma petite Cécilia
Elle m'admire me remue
Elle aime plus les ventrus
Aujourd'hui je tiens mon rôle
J'ai pas à être drôle
J'veux qu'tous les bandits
Se retournent dans leur lit
Pire que la tétanie
Au nom de Sarkozy

Puis un jour je s'rai candidat
Raffarin se prosternera
Devant moi
Des meetings de cent mille personnes
Où même Bernadette s'étonne
Et se lève pour me serrer dans ses bras

Et partout dans les rues
Le sujet ce s'ra moi
Cecilia s'ra aux nues (ou : *rev'nue* ; suivant
les mois)
La droite aura son roi
L'aventure continue
Je suis le plus têtu
Puis viendra le second tour
Débat télévisé

Où je me déchaîne
Faut gagner ou crever
J'f'rai pleurer les vieux
Faut qu'on m'prenne pour un Dieu

Et puis à l'Elysée
Je me masturberai (bis)

Je me légenderai pour la postérité
Les derniers socialos
Diront que j'suis dang'reux
Que je suis mégalo
J'devrais démissionner
Mais j'f'rai du pédalo
J'embras'rai les mémés
Et j'me représenterai
Après trois quinquennats
J'me chercherai une dauphine
Et pour tout compliquer
Mourir comme Félix Faure
Pour plaire aux chansonniers
Mourir comme Félix Faure

Œuvre originelle : *Le Chanteur* (Daniel Balavoine)

Sarko Oh Sarko

J'fais du vélo parmi les badauds et les blaireaux
Et j'fais des descentes même dans les quartiers crados
J'dis hello !, faut bien que j'me mouille

C'est la dernière marche avant que j'sois
vraiment tout en haut
J'ai r'trouvé sa confiance malgré l'couteau
dans l'dos
J'ai du bol, brave Chichi rigole

Oh Sarko, Sarko
Tu devrais pas faire tant de bruit
Ça plaît pas à tes chers amis
Oh Sarko, Sarko
Y'a Juppé qui veut la guerre
Attend, attend, attend tes gaffes
Comme un frère...

En r'gardant les chiffres des derniers
sondages
Y'a Pasqua qui a compris l'étendue d'son
naufrage
Ça l'fait blêmir, i prend de l'âge

Tu sais, tu sais, on s'souvient qu't'as grandi
dans son ombre
Et qu'dans l'équipe Balladur t'étais du nombre
T'étais un kid, qui a pris des rides

Oh Sarko, Sarko
Tu devrais pas faire tant de bruit
Ça plaît pas à tes chers amis
Oh Sarko, Sarko
Y'a Juppé qui veut la guerre
Attend, attend, attend tes gaffes
Comme un frère...

Sarko j't'ai déjà dit qu't'es bien plus grand que
Raffarin
T'es grand comme un général qu'attend son
18 juin...
Ça fait flipper, au feu les pompiers

Aujourd'hui j'ai les mains dans l'cambouis
j'voudrais qu'on m'aime
J'sens que j'vais finir à plat encore cette
semaine
'Core cette semaine

Oh Sarko, Sarko
Tu devrais pas faire tant de bruit
Ça plaît pas à tes chers amis
Oh Sarko, Sarko
Y'a Juppé qui veut la guerre
Attend, attend, attend tes gaffes
Comme un frère...

Alors ça sert à quoi l'pouvoir, si j'baise pas les
foules
Ça sert à quoi d's'activer, si Juppé déboule

Titre de l'œuvre originale :
Gaby, oh Gaby (Alain Bashung)

Sarko sa femme et la flicaille

Lundi matin
Sarko, sa femme et la flicaille
Sont venus chez moi pour montrer qu'ils
travaillent

Comme j'étais en règle, Sarkozy a dit
Puisque c'est ainsi nous reviendrons mardi

Mardi matin
Sarko, sa femme et la flicaille
Sont venus chez moi pour montrer qu'ils
travaillent
Comme j'étais en règle, Sarkozy a dit
Puisque c'est ainsi nous reviendrons mercredi

Mercredi matin...

Jeudi matin...

Vendredi matin...

Samedi matin...

Dimanche matin
Sarko, sa femme et la flicaille
Sont venus chez moi pour montrer qu'ils
travaillent
Comme j'étais en règle, Sarkozy a dit
Puisque c'est ainsi veuillez quitter le pays

Adaptation d'une œuvre du domaine public :
L'empereur et le petit prince

La promotion... et les retours...

Avant la sortie, naturellement, j'ai lancé une première vague promotionnelle.

Thien Nguyen a écrit le premier article. Pour *Metro*, qui avait réalisé une accroche en une de sa version papier renvoyant vers le site.

19-10-2006

Sarkozy en chansons

Pour la première fois en France, un auteur indépendant lance un cd entièrement consacré à Nicolas Sarkozy

L'auteur indépendant Stéphane Ternoise (photo)

Il y a quelques mois, s'apercevant qu'il disposait « en stock » de onze parodies autour de Nicolas Sarkozy (dont trois déposées à l'époque à la SACEM), l'auteur et producteur indépendant Stéphane Ternoise décide de lancer cdsarkozy.com, un album entièrement consacré à l'homme politique.

Présenté sur son site comme l'événement musical de l'élection présidentielle, il annonce d'emblée que l'album ne sera ni anti Sarkozy, ni pro Sarkozy. Stéphane préfère parler d' « analyse musicale », retranscrite à travers des parodies de chansons populaires, connues du grand public. Ainsi, on retrouvera des titres tels que Le Sarko du Métèque, C'est un fameux Sarko, Si Sarko si, Il court il court le Sarko, et même en bonus une chanson sur Ségolène Royal inspiré du célèbre Bécassine de Chantal Goya...

Résultat de quatre années d'écriture, l'album est actuellement en cours de production. À ce jour, sept titres ont d'ores et déjà été enregistrés et le cd devrait être produit en novembre selon l'auteur. Onze ou quinze titres sont en prévision, selon le nombre d'imitateurs supplémentaires trouvés d'ici fin octobre pour finaliser l'album. Trouver des interprètes intéressés fut rapide, confie Stéphane, car il gère le site Parodies de chansons. Il ajoute cependant « presque tous furent victimes de la peur d'être boycottés par des organisateurs de spectacles ! La peur d'avoir une image politique alors qu'ils se veulent plutôt « passe partout ». Certains ont aussi subi le contrecoup d'avoir entendu que Sony avait boycotté une phrase banale de Joey Starr : ils se sont dit que vraiment, il valait mieux ne pas « toucher » à Sarkozy»

Pour Stéphane, cet album permettrait de mieux comprendre le fonctionnement de la société française et de montrer que la chanson peut susciter la réflexion. Il espère par ailleurs que ce projet aura une suite, dans l'essai ou le théâtre. Motivé par l'argent ? Apparemment non, puisque selon lui, 10/12 des droits d'auteur d'une parodie reviennent aux créateurs originels.

http://www.metrofrance.com/fr/article/2006/10/18/13/ 3607-37/index.xml

Après le 6 décembre, Patrice, correspondant local du *petit Journal* (de Montauban) a écrit un article, avec interview. Naturellement, l'équipe de *La Dépêche du Midi* l'a forcément lu. Mais Jean-Michel Baylet, son big boss, est aussi président du PRG allié du PS... aussi accusé d'avoir fait perdre Lionel Jospin en 2002 en présentant Christiane Taubira, qui a recueilli 660 447 voix, alors que 194 601 supplémentaires auraient suffi au candidat socialiste pour se hisser d'une tête en finale...

[En décembre 2013, dans un restaurant parisien, alors qu'il conviait quelques journalistes « *pour parler de son parti* » (inviter au restaurant, c'est s'assurer un article complaisant ?), Jean-Michel Baylet aurait cru bon d'aller saluer Lionel Jospin et

Bertrand Delanoë attablés. "Celui qui se croyait Président naturel en 2002" l'aurait accueilli d'un cinglant : « *Il faut arrêter de répéter que c'est moi qui ai souhaité la candidature de Taubira pour vous dédouaner du 21 avril ! Si je n'ai pas été élu, c'est à cause de vous !* »]

Sud-Radio m'a invité. Je suis allé à Toulouse. Le dimanche 14 janvier 2007, pour l'émission "les maîtres chanteurs" (de 10 à 12 heures). J'ai même trouvé le studio de Sud Radio ! Trois passages d'extraits. Des extraits, quand le travail de la parodie consiste justement à tenir le rythme... faire un couplet un refrain ce n'est pas de la parodie... (mais l'utilisation d'une partie d'un "timbre").

Il convenait de faire croire aux auditeurs que nous étions tous réunis autour d'une table alors que Serge Llado et un patron d'une salle parisienne se trouvaient justement à Paris. Yvan Cujious invitait régulièrement le patron de la salle à placer des blagues... niveau CM2... j'étouffais face à cette manière de commenter la politique par le rire le plus gras quand j'invite à la réflexion... Naturellement Yvan Cujious est sûrement tenu par le concept de l'émission !... où il s'agit surtout de permettre à Serge Llado de placer quelques saillies ?... Exercice d'équilibriste que d'être animateur à Sud-Radio quand on cherche des salles où se produire ?

Naturellement, comme la sacem est une société d'auteur scrupuleuse, chaque seconde de diffusion génère des droits quand il s'agit des grandes radios, dans lesquelles Sud-Radio figure. Mais même en fournissant la date de cette émission, pas un centime ne me fut versé. Le programmateur m'avait signalé avoir précédemment déjà diffusé *Ségolène*...

Quant aux autres journaux et radios... j'attends !... Même *France-Inter* naturellement... *France-Inter* "la différence"... mais avec quoi ?

Dominique Dhombres, Anne Sinclair, Luc Rosenzweig et les autres

Anne Sinclair...

Anne Sinclair : - On ne peut pas faire une chanson dans un album sur Sarkozy ?
Joey Starr : - Avec ces histoires de licence globale, monsieur Sarkozy s'est mis bien avec toutes les grosses têtes de maisons de disques, donc ils ont pas trop envie de le chatouiller. Donc voilà. Du coup j'ai enlevé ce morceau quoi. Comme j'ai envie de vendre mon disque, pas en passant par la case tribunal d'abord, bin voilà.
Dimanche 19 novembre 2006, *France-Inter*

Ils invitent un pantin, le prient d'expliquer les motifs de l'autocensure, mais le créateur qui reste debout, ils l'ignorent.
Ils préfèrent montrer la crainte suscitée par Sarko plutôt que la possibilité de vivre dignement.
Anne Sinclair souhaitait que le téléspectateur moyen se représente Sarko comme un Pinochet en puissance ?
Anne Sinclair connaissait déjà DSK, je crois...
Et la radio publique offrait à un rappeur

l'occasion de s'exprimer en sachant son audience forcément limitée par son propre créneau de l'outrance ? Chacun avait rempli son rôle.

L'invitation d'un pantin et l'ignorance du *CD Sarkozy* sont deux éléments indissociables.

Certes, le pantin est un produit Sony et je suis un modeste travailleur indépendant : le pantin a les attachées de presse et peut-être est-ce indispensable...

Dominique Dhombres

Je m'étais abonné au *Monde* pour suivre cette présidentielle. J'ai donc rapidement eu connaissance de la chronique « *Désirs de rire ? Bécassine vous parle !* » par Dominique Dhombres dans *Le Monde* du 19 janvier 2007 : « *Cette campagne ne ressemble à rien de connu. Ségolène Royal non plus, d'ailleurs. La candidate socialiste était, mercredi 17 janvier, en meeting à Toulon, en chute libre dans l'opinion pour la première fois depuis des mois.*
Que croyez-vous qui arriva ? La tête en avant, elle fonça ! Elle est décidément ce que la politique a fait de plus drôle depuis l'apparition de Bécassine en 1905 dans La Semaine de Suzette. »

Je poursuivais frénétiquement. Oui, je l'avoue, avec l'espoir d'y découvrir une référence à ma parodie. Il allait forcément en parler ! Mais non : « *Bécassine s'adressait donc, dans le centre de Toulon, au palais Neptune plus précisément, à un millier de ses partisans (...) C'est alors que, portée par cet enthousiasme communicatif, Bécassine révélait des potentialités insoupçonnées. "On ne promet pas pour le lendemain ce qu'on n'est pas capable d'accomplir aujourd'hui. C'est ce que j'appelle la morale de l'action", disait-elle. La formule lui plaisait manifestement. "Je suis la candidate de la morale de l'action", répétait-elle, ravie. (...) "On ne peut pas raconter des histoires. On ne peut pas s'attribuer des valeurs auxquelles on ne correspond pas. Je suis aussi la candidate de la vérité et de la parole", disait-elle enfin.* »

En relisant, en 2011, cette chronique, je pense à ce monsieur Dhombres... s'il ignorait la parodie, un journaliste de la vérité aurait précisé, par la suite, qu'il avait cru inventer une expression déjà créée depuis plus de six mois par un modeste auteur même pas parisien...

Monsieur Dhombres en rajoutait « *Et là, c'était génial. Vous avez bien lu :*

Ségolène est "la candidate de la vérité et de la parole !" (...) A ce niveau comique, Valérie Lemercier et Muriel Robin peuvent aller se rhabiller ! Il n'y a pas photo. Elles ne font pas la maille par rapport à Bécassine. Rien que pour rigoler, il faut l'envoyer à l'Elysée. Avec son parapluie rouge. »

Alors, la première question : connaissait-il ma parodie avant sa chronique ? S'il l'ignorait, c'est qu'il manque cruellement de professionnalisme pour ne pas avoir recherché « *Ségolène Royal Bécassine* » dans son Google sûrement déjà utilisé au Monde. S'il la connaissait... Aucune des hypothèses n'est à son honneur.

Il ne fréquentait sûrement pas mes sites mais dans *Metro*, le 19 octobre 2006, Thien Nguyen est explicite : "*et même en bonus une chanson sur Ségolène Royal inspiré du célèbre Bécassine de Chantal Goya...*"

Imaginons alors qu'il l'ignora.

Et c'est pour cela que je lui écris.

Il me répond d'ailleurs le 5 février, en validant « partiellement » cette hypothèse de son ignorance d'un texte en ligne depuis plus de six mois.

From: DHOMBRES Dominique
To: ------@cdsarkozy.com
Sent: Monday, February 05, 2007
3:27 PM
Subject: Becassine

Bonjour,
Stéphane Ternoise m'a écrit pour me
signaler l'existence d'un CD
comportant une chanson parodiant
Ségolène Royal en Bécassine.
Pourriez-vous me faire parvenir
l'album en service de presse ? Mon
adresse: Dominique Dhombres, Le
Monde, 80 boulevard Blanqui. 75013
Paris.

Merci d'avance,
D. Dhombres

Il ne précise certes nullement ne pas
avoir eu connaissance du texte avant sa
chronique... mais il n'était naturellement
pas devant un tribunal. La rédaction du
Monde avait naturellement reçu ce CD
dès sa sortie.

Réponse, envoi du CD...

Et rien. Rien non plus dans la presse
reprenant l'expression de ce cher
Dominique...

Luc Rosenzweig

Luc Rosenzweig, présenté ès ancien journaliste à *Libération* (1980-1985) puis au « *Monde* » (1985-2001), spécialiste de politique internationale, sur mondesfrancophones.com où il semble tenir une chronique, réagit le 30 janvier 2007 :

« *Justice devra être rendue à Dominique Dhombres chroniqueur télévision du Monde d'avoir, le premier, affublé Ségolène Royal du surnom de la servante bretonne de Madame de Grandair, native de Quimper-Corentin, à savoir Bécassine. Cette désignation s'est répandue à toute allure, et s'est retrouvée en un rien de temps dans la bouche de Ségolène elle-même, qui assume sans complexe le cœur d'or et le patriotisme sans faille d'Anaïk Lebornez, alias Bécassine.*

La brave fille encoiffée dessinée par Henri Pinchon, qui veut toujours bien faire, mais dont les initiatives provoquent immanquablement des catastrophes, constitue effectivement un avatar adéquat pour la serial gaffeuse Ségolène. De la glorification de la célérité de la justice chinoise à la sanction de la "spiritualité" de son porte-parole Arnaud

71

Montebourg, coupable de lèse-François Hollande, la candidate socialiste a beaucoup fait ces derniers temps pour amuser la galerie. Grâces lui en soit rendues ! Les mois d'hiver sont déjà assez tristes pour qu'on lui sache gré de les animer de ses lapsus, pataquès et bravitudes.

Pour en revenir à Dominique Dhombres, son billet insolent lui a valu quelques désagréments. Madame Véronique Maurus, qui vient de succéder à l'habile Robert Solé au poste délicat de médiateur du quotidien "Le Monde" l'a méchamment étrillé dans sa rubrique hebdomadaire, où elle distribue bons et mauvais points à ses petits camarades...»

Mais il ne s'agissait pas de l'accuser d'avoir pompé Ternoise, simplement d'avoir choqué son électorat majoritairement de gauche.

Luc Rosenzweig est sûrement un spécialiste de la politique internationale mais quand les journalistes parlent des journalistes il est risible de lire « Justice devra être rendue à Dominique Dhombres chroniqueur télévision du Monde d'avoir, le premier, affublé Ségolène Royal du surnom de la servante bretonne... »

Après ils s'étonnent de la désaffection des lecteurs. Si Luc Rosenzweig avait lancé une recherche « Ségolène Royal Bécassine » il aurait lu la page http://www.desirdelysee.org/chanson.ht ml en ligne depuis le 29 juin 2006. Et l'article de Metro.

Le Monde... Jean-Marie Colombani...

Si l'on en croit Luc Rosenzweig, Dominique Dhombres s'est pris une magistrale fessée. Derrière l'absence de rectification, l'ombre du boss ? Imaginons qu'il ait pompé l'idée à Ternoise, il n'allait pas en plus passer pour un journaliste puisant son information à Montcuq. Et s'il a vraiment découvert par la suite mon extrême rapidité d'analyse de Ségolène (par rapport à lui), il ne semblait pas très bien placé pour promouvoir le CD SARKOZY. Peut-être l'écoute-t-il même encore chaque matin !

Jean-Marie Colombani était alors tout puissant au *Monde* et il avait décidé qu'il était du devoir des médias de redonner à la France son image d'un second tour traditionnel gauche-droite, après un 21 avril 2002 où la presse portait une lourde responsabilité dans la présence de Jean-Marie Le Pen à la finale (pour avoir écrit durant des mois sur le duel évident Chirac-Jospin, avoir fait germer l'idée de lancer un vote « de protestation » devant ce duo peu palpitant, jusqu'à la goutte d'inconséquence faisant déborder la démocratie d'un Jean-François Kahn, recommandant, dans son « *Marianne* », de ne voter au premier tour ni pour Chirac, ni pour Jospin)

Donc la colère du *Monde* contre Dominique

Dhombres est plausible ! Idiot, si Ségolène baisse, Le Pen revient !

Après Jean-François Kahn élément essentiel de la réélection de Jacques Chirac, Jean-Marie Colombani porte une lourde responsabilité dans la victoire de Nicolas Sarkozy. En soutenant mordicus sa Ségolène, il a évité le décalage des dernières voix sensibles aux beaux raisonnements du *Monde* et confrères (car quand le *Monde* prend une position, elle se retrouve rapidement ailleurs) de glisser chez François Bayrou.

Dès mi 2006, François Bayrou me sembla le seul capable de battre Nicolas Sarkozy. Peut-on reprocher à Jean-Marie Colombani de ne toujours pas l'avoir compris le 19 avril 2007, d'avoir continué à regarder le futur avec le nez dans le passé, quand il signa « *impératif démocratique* », éditorial débutant par « *le 22 avril 2007 ne peut pas, ne doit pas ressembler au 21 avril 2002* » passant par « *il faut donc, au soir du premier tour, que soient réunies les conditions d'une claire et grande confrontation entre deux projets de société* » pour arriver à « *traditionnellement, dans un scrutin présidentiel, l'adage veut qu'au premier tour on choisisse et qu'au second on élimine. Cette fois, il faut éliminer au premier tour pour être sûr de pouvoir choisir au second. En dépit des confusions qui ont parasité la campagne, le seul projet qui s'oppose à celui de Nicolas*

Sarkozy et qui s'appuie sur une force politique capable de gouverner est celui de Ségolène Royal » après avoir écarté François Bayrou sans même analyser son programme...

Tout ce qui pouvait contrarier un second tour Sarko-Ségo devait être rayé du paysage médiatique démocratique. Journalistes responsables ! Plus ou moins inconsciemment, chaque journaliste s'autocensurait ainsi ?

À trop bien vouloir réparer une erreur, on en commet parfois une autre, en restant dans la même logique du journaliste faiseur d'opinion plutôt que reflet.

Certes, si l'album avait été résolument anti-Sarko, pro-trotskiste, il aurait trouvé du média pour le soutenir. Même dans les médias républicains : les *démocrates* aiment présenter la caricature qui ne peut convaincre que les englués dans ces mêmes approches caricaturales.

J'ai osé ce qu'un chansonnier inconnu ne peut se permettre : essayer de faire réfléchir en chansons. Il ne fallait surtout pas rappeler *"Delors manqua son destin, Jospin s'est fait Balladurien"* (*Putain d'élections 2007*) pour cette gauche qui misait sur une victoire par rejet du chiraquisme, faute de susciter une adhésion à son programme. Tant que la gauche ne sera pas sortie de l'erreur historique d'un Jacques Delors offrant un boulevard à Jacques Chirac, elle aura des difficultés à gagner ! Un chansonnier n'avait pas le droit de balancer une telle vérité, même si elle s'est révélée exacte !

Naturellement, si cet album avait connu une médiatisation en adéquation avec la remarque d'introduction de Thien Nguyen dans *Metro* « *pour la première fois en France, un auteur indépendant lance un cd entièrement consacré à Nicolas Sarkozy* », il n'est pas certain que François Bayrou aurait remporté l'élection présidentielle ! Ni même que Ségolène Royal n'aurait pas affronté un Nicolas Sarkozy qui a su déployer une capacité de persuasion tellement forte... que sa victoire fut finalement logique ! Au premier tour, j'ai voté François Bayrou, au second je me suis abstenu.

En 2014, Jean-Marie Colombani continue d'éclairer le bon peuple... il m'arrive d'entendre ses baveries sur *France-Inter*... quand en voiture j'opte finalement pour un accompagnement... Peu importe si l'histoire invalide régulièrement ses envolées, il continue, continuera, sans visiblement s'en soucier... l'important semble être de rester sur scène...

Le Nouvel Obségolateur

Aucune chanson sur Jean-Marie Colombani-veut-faire-les-élections. Il l'aurait sûrement mérité. C'est Le Nouvel Observateur qui a dégusté... En souriant, car naturellement, ce texte n'a obtenu aucune médiatisation. Je ne suis pas très bon, niveau promotion ! Je devrais reprendre des études... commerciales !?

Le Nouvel Obségolateur

La main sur les subventions
Ils promettent l'indépendance de l'information
Naturellement c'est de l'information
Conforme à leurs ambitions

Comme y'a une presse Sarko
Un Figarko
Y'a la presse Ségo
Tout aussi flagorneur
Le Nouvel Obségolateur
Après ils s'étonnent
Que plus personne ne se réabonne
Au Nouvel Obségolateur
Au Nouvel Obségolateur

Jospinailleurs en 2002
Ne comptez plus sur eux pour remettre le feu
Cherchez des poux chez les neuneus
Y'en a chez les socialeux

Comme y'a une presse Sarko
Un Figarko
Y'a la presse Ségo
Tout aussi flagorneur
Le Nouvel Obségolateur
Après ils s'étonnent
Que plus personne ne se réabonne
Au Nouvel Obségolateur
Au Nouvel Obségolateur

Les éditos de Jean Daniel
Pourraient être signés par leur ami BHL
Tout le monde sait qu'il la trouve très belle
À la gauche se veut fidèle

Comme y'a une presse Sarko
Un Figarko
Y'a la presse Ségo
Tout aussi flagorneur
Le Nouvel Obségolateur
Après ils s'étonnent
Que plus personne ne se réabonne
Au Nouvel Obségolateur
Au Nouvel Obségolateur

Le mot censure...

Un article à encadrer dans les écoles de journalisme et l'ensemble des rédactions ?

http://www.observatoire-medias.info/article.php3?id_article=369

Les médias et la censure

Extraits

(...)

La forme la plus courante de censure est l'autocensure par laquelle les journalistes décident eux-mêmes de ne pas couvrir certains sujets qui seront vus d'un mauvais œil par des supérieurs dont le pouvoir est d'autant plus important que la précarité des journalistes se développe de façon inquiétante. La précarité dans le milieu du journalisme est devenue telle que l'autocensure est bien souvent nécessaire si l'on ne souhaite pas se voir indiquer la porte.

Le nombre de journalistes ayant dû s'abstenir de couvrir tel ou tel sujet, ou ayant dû adoucir le traitement de telle ou telle information, en raison de conflits d'intérêts au sein de leur entreprise est très important. Les annonceurs, de leur côté, ne rechignent pas à utiliser leur influence financière pour faire passer à la trappe les articles qui les dérangent. De la même façon, les grandes sociétés peuvent faire peser la menace de procès très coûteux sur les journalistes d'investigations de façon à les décourager.

Mise à jour : 22 juin 2005

L'Observatoire français des médias est une association loi de 1901, liée au mouvement altermondialiste, affiliée à l'Observatoire international des médias. Elle fut fondée par ATTAC, l'Acrimed, Philippe Cohen... C'est au Forum social mondial de Porto Alegre en 2002, que ce concept d'Observatoire international des médias fut lancé, après le constat que les médias n'assurent plus leur rôle de contre-pouvoir. L'action de l'association semble s'être arrêtée en 2007, sûrement après notre entrée dans une ère de totale liberté des médias entre les mains de patrons totalement indépendants du pouvoir.

[en 2014, le rédacteur en chef d'un hebdomadaire, m'avoue « *ils ont les moyens de nous pourrir la vie* » au sujet des élus que je dénonce dans un livre... qu'il a lu, semble avoir apprécié... mais qu'il ne présentera pas à son lectorat...]

Stéphane Ternoise

À 25 ans, Stéphane Ternoise a quitté le confortable statut de cadre en informatique (qui plus est dans le douillet secteur des assurances), pour se confronter à son époque, essayer de vivre de sa plume en toute indépendance. Il redoutait de finir pantin d'un grand groupe où même les maisons historiques peuvent se retrouver avec Jean-Marie Messier ou Arnaud Lagardère comme grand patron.
Stéphane Ternoise est auteur-éditeur depuis 1991, devenu spécialiste de l'auto-édition professionnelle en France. Il créa « logiquement » http://www.auto-edition.com en l'an 2000, une activité alors quasi absente du web !
Son éclairage sur l'univers de l'édition française a rapidement suscité quelques difficultés, dont une assignation au Tribunal de Grande Instance de Paris, en juin 2007, par une société pratiquant le compte d'auteur, finalement déboutée en septembre 2009.

Dans un relatif anonymat, l'auteur lotois a réussi à publier 14 livres en papier, à continuer en vivant de peu. Depuis 2005, ses livres sont aussi en vente en version numérique. Il s'agissait d'abord de simples PDF. L'auteur-éditeur a consacré l'année 2011 à la réalisation de son catalogue numérique, publiant ainsi ses pièces de théâtre, sketchs et textes de chansons en plus des romans, essais et recueils adaptés aux formats epub et Mobipocket Kindle...

La multiplication des questions et l'information approximative balancée sur de nombreux blogs par de néo-spécialistes de l'auto-édition autopublication, l'ont décidé à écrire sur cette révolution de l'ebook. Le guide l'auto-édition numérique est ainsi devenu son web best-seller !

Né en 1968, il publie depuis 1991, d'abord sous son nom de naissance puis sous divers pseudonymes, éditeur indépendant depuis son premier livre.

Dès 2004, il a proposé des livres numériques, en PDF. Mais c'est en 2011 seulement que les ventes dématérialisées ont démarré. Son catalogue numérique (depuis mi 2011 distribué par *Immateriel*) a ainsi rapidement dépassé celui du papier, grâce à des essais, des livres de photos... tout en continuant la lente écriture dans les domaines du théâtre et du roman. Depuis octobre 2013, et son « identifiant fiscal aux États-Unis », son catalogue papier tend à rattraper celui en pixels.

Il convient donc de nouveau d'aborder l'auteur

sous le biais de l'œuvre. Ainsi, pour vous y retrouver, http://www.ecrivain.pro essaye de fournir une vue globale. Et chaque domaine bénéficie de sites au nom approprié :
http://www.romancier.org
http://www.parolier.org
http://www.essayiste.net
http://www.dramaturge.fr
http://www.lotois.fr

Vous pouvez légitimement vous demander pourquoi un auteur avec un tel catalogue ne bénéficie d'aucune visibilité dans les médias traditionnels. L'écriture est une chose, se faire des amis utiles une autre !

Catalogue

Romans : (http://www.romancier.org)
Le Roman de la révolution numérique également sous le titre *Un Amour béton*
Ils ne sont pas intervenus (le livre des conséquences) également sous le titre *Peut-être un roman autobiographique*
La Faute à Souchon ? également sous le titre *Le roman du show-biz et de la sagesse (Même les dolmens se brisent)*
Liberté, j'ignorais tant de Toi également sous le titre *Libertés d'avant l'an 2000*
Viré, viré, viré, même viré du Rmi
Quand les familles sans toit sont entrées dans les maisons fermées

84

Edition (http://www.auto-edition.com)
Le guide de l'auto-édition, papier et numérique
Le manifeste de l'auto-édition - Manifeste politico-littéraire
pour la reconnaissance des écrivains indépendants et une saine
concurrence entre les différentes formes d'édition
Écrivains, réveillez-vous *! - La loi 2012-287 du 1er mars 2012*
et autres somnifères
Le livre numérique, fils de l'auto-édition
Réponses à monsieur Frédéric Beigbeder au sujet du Livre
Numérique (Écrivains= moutons tondus ?)
Comment devenir écrivain ? Être écrivain ? (Écrire est-ce un
vrai métier ? Une vocation ? Quelle formation ?...)
Copie privée, droit de prêt en bibliothèque : vous payez, nous
ne touchons pas un centime - Quand la France organise la
marginalisation des écrivains indépendants
Alertez Jack-Alain Léger !

Théâtre : (http://www.dramaturge.fr)
La baguette magique et les philosophes
Neuf femmes et la star
Avant les élections présidentielles
Les secrets de maître Pierre, notaire de campagne
Deux sœurs et un contrôle fiscal
Ça magouille aux assurances
Pourquoi est-il venu ?
Amour, sud et chansons
Blaise Pascal serait webmaster
Aventures d'écrivains régionaux
Trois femmes et un amour
Chanteur, écrivain : même cirque
« Révélations » sur « les apparitions d'Astaffort » Brel /
Cabrel (les secrets de la grotte Mariette)
J'avais 25 ans

85

Pour troupes d'enfants :
Les filles en profitent
Révélations sur la disparition du père Noël
Le lion l'autruche et le renard
Mertilou prépare l'été
Nous n'irons plus au restaurant
Recueils :
Théâtre peut-être complet
La fille aux 200 doudous et autres pièces de théâtre pour enfants
Théâtre pour femmes

Chansons : (http://www.parolier.info)
Chansons trop éloignées des normes industrielles
Chansons vertes et autres textes engagés
Parodies de chansons - De Renaud à Cabrel En passant par Cloclo et Jacques Brel
Chansons d'avant l'an 2000
Vivre Autrement (après les ruines), l'album invisible...

Photos : (http://www.france.wf)
Cahors, 42 inscriptions aux Monuments Historiques
La disparition d'un canton : Montcuq
Montcuq, le village lotois
Cahors, des pierres et des hommes. Photos et commentaires
Limogne-en-Quercy Calvignac la route des dolmens et gariottes
Saint-Cirq-Lapopie, le plus beau village de France ?
Saillac village du Lot
Limogne-en-Quercy cinq monuments historiques cinq dolmens
Beauregard, Dolmens Gariottes Château de Marsa et autres merveilles lotoises
Villeneuve-sur-Lot, des monuments historiques, un salon du livre... -Photos, histoires et opinions

Henri Martin du musée Henri-Martin de Cahors - Avec visite de Labastide-du-Vert et Saint-Cirq-Lapopie sur les traces du peintre
L'église romane de Rouillac à Montcuq et sa voisine oubliée, à découvrir - Les fresques de Rouillac, Touffailles et Saint-Félix
Cajarc selon Ternoise

Livres d'artiste (http://www.quercy.pro)
Quercy : l'harmonie du hasard
Lot, livre d'art
Montcuq, livre d'art
Quercy Blanc, livre d'art
Montaigu de Quercy, livre d'art
Quercy : l'harmonie du hasard
La beauté des éoliennes
Golfech, c'est beau un village prospère à l'ombre d'une centrale nucléaire
Jésus, du Quercy

Essais (http://www.essayiste.net)
Ya basta Aurélie Filippetti !
Amour - état du sentiment et perspectives
Contrairement à Gérard Depardieu, dois-je quitter la France ?
Cahors, municipales 2014 : un enjeu départemental majeur
Quand Martin Malvy publie un livre : questions de déontologie

Politique : (http://www.commentaire.info)
Ce François Hollande qui peut encore gagner le 6 mai 2012 ne le mérite pas
Nicolas Sarkozy : sketchs et Parodies de chansons
Bernadette et Jacques Chirac vus du Lot - Chansons théâtre textes lotois
Affaire Ségolène Royal - Olivier Falorni Ce qu'il faut en retenir pour l'Histoire - Un écrivain engagé, un observateur indépendant

François Fillon, persuadé qu'il aurait battu François Hollande en 2012, qu'il le battra en 2017

Notre vie (http://www.morts.info)
La trahison des morts : les concessions à perpétuité discrètement récupérées - Cahors, à l'ombre des remparts médiévaux, les vieux morts doivent laisser la place aux jeunes...
Cahors : Adèle et Marie Borie contre Jean-Marc Vayssouze-Faure - Appel à une mobilisation locale et nationale pour sauver les soeurs Borie...

Jeux de société
http://www.lejeudespistescyclables.com
La France des pistes cyclables - Fabriquer un jeu de société pour enfants de 8 à 108 ans
Le bon chemin pour Saint-Jacques-de-Compostelle

Divers :
La disparition du père Noël et autres contes
J'écris aussi des sketchs
Vive les poules municipales... et les poulets municipaux - Réduire le volume des déchets alimentaires et manger des oeufs de qualité
Le Martyr et Saint du 11 septembre : Jean-Gabriel Perboyre

En chti : (http://www.chti.es)
Canchons et cafougnettes (Ternoise chti)
Elle tiote aux deux chints doudous (théâtre)

Œuvres traduites (http://www.traducteurs.net)
La fille aux 200 doudous :
- *The Teddy (Bear) Whisperer* (Kate-Marie Glover)
- Das Mädchen mit den 200 Schmusetieren (Jeanne Meurtin)

- Le lion l'autruche et le renard :
- How the fox got his cunning (Kate-Marie Glover)

- Mertilou prépare l'été :
- The Blackbird's Secret (Kate-Marie Glover)

- *La fille aux 200 doudous et autres pièces de théâtre pour enfants (les 6 pièces)*
- La niña de los 200 peluches y otras obras de teatro para niños (María del Carmen Pulido Cortijo)

Chansons - Cds :
(http://www.chansons.org)
Vivre Autrement (après les ruines)
Savoirs
CD Sarkozy selon Ternoise (parodies de chansons, 2006)

Paris

Table

Mentions légales

Tous droits de traduction, de reproduction, d'utilisation, d'interprétation et d'adaptation réservés pour tous pays, pour toutes planètes, pour tous univers.

Tout écrivain sait qu'il doit aussi aider les internautes à le découvrir !
http://www.ecrivain.pro

Dépôt légal à la publication au format ebook du **6 décembre 2011**.

Imprimé par CreateSpace, An Amazon.com Company pour le compte de l'auteur-éditeur indépendant.
livrepapier.com

ISBN 978-2-36541-561-3
EAN 9782365415613
Histoire d'une censure médiatique aux élections présidentielles 2007 : le CD Sarkozy (6 décembre 2006, 6 décembre 2011, 5 ans après le CD, l'ebook de la Saint Nicolas) de **Stéphane Ternoise**
© **Jean-Luc PETIT - BP 17 - 46800 Montcuq -France**

www.ingramcontent.com/pod-product-compliance
Lightning Source LLC
Chambersburg PA
CBHW050550280326
41933CB00011B/1788